SOLLOZOS EN EL VIENTO

Poesía

Oscar René Benítez

Sollozos en el viento

Segunda Edición: Enero, 2004

ISBN 1-890701-07-6

Published in the United States.
La Mancha Publishing Group
Post Office Box 7757
Mission Hills, CA 91345
Tel/Fax (818) 994-8195
Correo electrónico: Lamanchapublishing@yahoo.com

O*scar René Benítez* reside actualmente en Estados Unidos. En 1983, Benítez fue ganador del segundo lugar en el concurso Simón Bolívar y en 1984, se hizo acreedor al primer puesto en el concurso Benito Juárez, ambos concursos de poesía y auspiciados por la Sociedad Literaria Educativa de Los Angeles. Le fue otorgada la medalla de la ciudad de Los Angeles por el Alcalde *Tom Bradley*. También fue finalista en el concurso internacional de poesía Pablo Neruda, realizado por la Sociedad Ibero-Americana de escritores de los Estados Unidos de América.

Entre sus obras figuran: "***Te Cantó mi Corazón***" —poesía; "***Treinta Poemas de Amor para María***", "***Versos de Otoño***", "***Cuando Caiga la Noche***" —poesía. También ha publicado las novelas "***Inmortales***", "***Las Huellas de una Lucha sin Final***", "***Cuando Concluó la Guerra***". Y el presente libro de poesía "***Sollozos en el Viento***" —Segunda edición. Los poemas de Sollozos en el Viento han sido escritos con belleza, pureza de estilo y una fuerza extraordinaria. En ellos se combinan y entretejen el amor, la soledad y el deseo, en un enjambre de inmenso florido que inspira al lector.

El verdadero paraíso no está en el cielo,
sino en la *boca* de la mujer amada.

T. Gautier

SOLLOZOS EN EL VIENTO

Poesía

Oscar René Benítez

Sollozos en el viento

Son sollozos en el viento
mis poemas,
lentas lágrimas cayendo
en el tiempo.

Y los amo
porque son como las hojas
que marchitas
van meciédose en el aire.

Son solo tristes sollozos
que se pierden.
Sólo un triste eco olvidado
en el mundo.

Y no se van aunque quiera
yo tirarlos
para siempre en los recuerdos,
u olvidarlos.

Es que pesan
cuando son tristes sollozos
los que vuelan
en los columpios del viento.

Y los amo,
porque son como las almas
que marchitas
van meciéndose en el aire.

Son sonrisas en el viento
mis poemas,
pocas dichas olvidadas
en el tiempo.

Bienvenida

Quiero recoger nuevas esperanzas,
nuevas ropas y nuevas ilusiones.
Olvidaré todas las viejas penas,
las amarguras y las decepciones.

A los amores pasados e infieles
no les cantará más mi corazón.
Bienvenida sea la nueva ilusión
y bienvenidas sean las nuevas pieles.

No quiero llevar conmigo tormentos
de amores idos, de amores ya muertos,
que me abandonaron en los desiertos
donde canta y muerde la soledad.

Quiero que mi poema alegre sonría
y que mis besos sean bellos y ciertos.
No existirán más penas en mi ceño,
ni más pesadillas entre mis sueños.

Ya no quiero vivir de los recuerdos;
quiero hoy con amor endulzar mis cantos
en otros labios dulces y pequeños,
en ojos que me besen al mirarme.

Quiero que la alegría sea frase y verso,
que sea realidad, que sea un dulce beso.

Optimismo

Pude sonreír cuando todo caía
en derredor de mí,
sin vida sin fe y sin alegría.
Entonces comprendí
que por siempre en los sueños más ardía
la pasión y el amor.

Es que no importa que las hojas caigan
ya muertas del otoño
cuando se esperan hojas
más bellas nacer de la primavera.
Siempre otro sueño bello
hubo más allá de los sueños muertos
y una esperanza viva.

Es que olvidé los pésimos pesares
donde muere la noche,
donde se vuelven dulces los cantares
y mueren los reproches.

Quiero quedarme a ver el nuevo día
envuelto en los colores
suaves, tiernos y dulces de la vida.

Correré

Yo descorreré el misterioso velo
de la noche, de la callada noche.
Dejaré que mi corazón aceche
la felicidad que brota del suelo.

Correré como un niño enloquecido
y dejaré que el vaho del mar me bese...
¡Que las estrellas con entristecido
fulgor de paz, todas juntas me besen...!

¡Ah, como un susurro cantan las olas
canciones de marineros triunfantes!

¡Viento, mar y cielo, fieles amantes,
inspiración de las almas más solas!

Que nos deje un poco

Campos engalanados con colores
quiero que esta noche canten conmigo
y tomando los astros por testigo,
evoquemos al que creó los amores.

Al que nos mira desde el universo,
sentado en su palacio de oro santo;
cantémosle el mejor y dulce canto,
todos nuestros poemas y nuestros versos.

Que nos deje un poco de su alegría
la noche colorida de fulgores,
y cuando lleguen los bellos albores,
de mucha paz disfrutar todavía.

La alegría es paz, no las bajas pasiones
en que todos nosotros nos hundimos
para sentir que somos, que vivimos.
Allí sueñan seres sin ilusiones.

¡Oh felicidad, venir ya te siento
en cada suspiro del noble viento.

El soñar del pecho

Hoy las flores salpicaron el prado
y cantaron alegres pajarillos.
En sus cantos más dulces y sencillos
llevan la alegría de un campo estampado.

Todo es sueño entre la naturaleza:
los seres, los bosques adormecidos
bajo ese cielo inmenso y colorido;
que no es más que el fulgor de la belleza.

Aves que al amanecer alzan vuelo
para surcar los aires perfumados,
juntas parecen versos bien rimados;
parecen la alegría sin fin del cielo.

El viento sopla con leves aromas
los hondos mares, los ríos, la sabana.
Es tan preciosa y dulce la mañana
cuando se posa el sol sobre las lomas.

Es tan bello soñar con todo el pecho,
y con todos los sentidos abiertos;
para sentir que los sueños son ciertos
cuando el verde bosque se vuelve lecho.

El amor

En el constante cambio de estaciones,
bajo las nubes del invierno
o en los colores del verano
el amor estará siempre viviente.

Es que se arrulla entre las flores
que de la colorida primavera
van tomando nítidas formas.
Se arrulla entre los pétalos más bellos.

Puede verse con los ojos del alma
o vivirse con los latidos
del corazón, que más palpita
cuando nace el amor dentro del pecho.
Su cántico puede escucharse
en el pájaro, en la brisa, en las olas
o entre las hojas que caen del otoño.

No podrá el odio ni la guerra
destruir en el mundo lo más sublime,
ni los hombres la musa de las hojas.

...El amor vive entre las rojas
llamas del corazón, del universo.
En el grito de la misma existencia.

No basta

No me bastan las palabras del mundo
para decirte, amor, cuánto te quiero;
ni el aroma de toditas las flores
para descifrar tu suave perfume;
y no me bastan para acariciarte
los interminables brazos del viento.

Danza en tus ojos la callada noche,
y en ellos se despierta la mañana
bajo los cánticos dulces de tu alma,
entre las notas del viento que pasa
como una tempestad de besos dulces.
En ellos se adormecen los recuerdos.

Las huellas de mis dedos en tu cuerpo
son como las de las blancas gaviotas
que juegan en las playas solitarias.
¡Es que eres bella! No puedo, aunque quiera,
encontrar las palabras apropiadas
para decirte, amor, ¡cuánto te quiero!
¡Eres en mis manos la primavera
florida, mi noche más silenciosa!

Ah, no son suficientes mis palabras
para decirte lo que quiero decirte.
Es que no hay palabras que te lo digan
como yo quiero decírtelo siempre.

Lucho

Voy cantando entre los días,
en la métrica de las horas
que caen como hojas del tiempo;
en tu voz y en tu risa blanca.

Por la suavidad de tu piel
lucho contra las manos del sol
y contra el polvo que vuela
diariamente en el viento.
Por tus manos doy mi cuerpo
y por tus ojos doy el alma,
para que me lleves al infierno
de tus piernas duras
y así conocer la gloria.

Por tu pelo negro tengo
suaves y tersas las manos;
y por tus labios tengo
el alma completamente enamorada.
Por tus senos tengo
hambrientos los dientes
y por tu vientre,
los hijos infecundos que lloran
desesperados dentro de mí.

¡Cómo no amarte,
si eres bella y pura,
maligna y traviesa,
altiva, definitiva y larga,
pero largamente triste;
como un crepúsculo,
como un adiós sin palabras
y abundante de sollozos!

Por tu cuerpo de mariposa dormida
peleo con los ojos de los hombres,
con sus intensiones y deseos.
Quiero tatuar tu cuerpo
con los hambrientos besos de mi boca.

Que me besen hasta enloquecer
tus pestañas negras...
Quiero escuchar tu respiración.

Llegaste

Antes de tenerte ya te soñaba,
en cada amanecer,
en cada anochecer,
en toda primavera que pasaba.

Llegaste como un pájaro a mis manos,
tan llena de ternura,
tan llena de dulzura,
bella como las flores de los llanos.

Ya lloraba solitario el invierno.
Mis lágrimas caían
mientras ensordecían
las calles por el llanto del invierno.

Es que te extrañaba antes de tenerte.
Y lloré de tristeza,
mas tuve la certeza
que en mis brazos iba a reconocerte.

Hoy, de tus ojos surgen las estrellas
de mi dulce crepúsculo.
¡Son tus manos las más suaves y bellas
y tu voz la más dulce!

Nuestro crepúsculo

La noche cayó sobre el mundo.
Pero tú y yo no nos iremos.
Nosotros guardaremos el crepúsculo
en nuestros ojos enamorados.

¡Abrázame, abeja ebria,
muñeca de ojos quietos!
Este crepúsculo es nuestro
y las primeras estrellas.
Hoy sembraré en tu pecho
la fértil semilla del amor.

El viento canta entre los árboles
y la noche es nuestra,
y se vuelven de fuego tus labios;
y mis manos, remolinos de caricias.

Yo te amo con esta juventud loca.
Y tú eres un incendio silencioso.
¡...Ardes, ardes, amada! Ardes en el crepúsculo.
Yo me quemaré en tu fuego.

¡Abrázame, silenciosa estatua
en tus brazos de ternura!
Quiero sentir tu pasión loca
y tu piel entre mis manos.

Pasionaria

Eres la pasión que se agita
con el enloquecido viento
de la noche. Eres sentimiento
que en el corazón me palpita.

Mujer, ¡fruta dulce y pequeña,
carnaval de besos ardientes!
Llévame en tus quietas corrientes
a donde se muere y se sueña.

Mis caricias son mariposas
que juguetean sobre tu pecho.
¡Tus senos son dos luminosas
frutas que brillan en el lecho!

Yo voy formándote caricias.
Yo te invento los besos nuevos
y juego con tu cabellera,
como juega la primavera
con los pétalos de las flores.

Sirena

A ti te amo sirena que entre rosas
hoy desnudas tu cuerpo de alabastro
y llevas como un hada o como un astro
mejillas levemente luminosas.

A ti te amo sirena que entre sueños
y realidades haces de mi vida
un sendero de dicha y sin salida.
¡Amo tus labios dulces y pequeños!

En ellos muerdo tu pasión de niña
y bebo el ambriagante vino...
Creo encontrar hacia la gloria el camino
y tu aroma la pasear por la campiña.

Tus senos son dos blancas caracolas,
dos frutas dulces, ácidas y amargas;
tus piernas dos frases blancas y largas,
tu andar, el movimiento de las olas.

Tu vientre es una rosa que convida
a disfrutar los frutos del pecado,
a beber cáliz dulce y perfumado,
a combinar la muerte con la vida.

Sirena, róbame toda la calma,
y los sueños; y todos mis controles.
Quiero besar tus blancos caracoles
y penetrar hasta el fondo de tu alma.

¡Cuerpo claro, cuerpo de mariposa!
¡Oh colinas de piel blanca y nevadas!
Eres tú, como un sueño, vaporosa,
y tan cierta en mis noches más calladas...

Quiero en tus labios encantarme todo,
niña de sueños bellos y atrevidos;
quiero de tu corazón los latidos
y que me ames hoy con tu único modo.

La noche del viento

Se oyen a lo lejos los lentos pasos
de la noche que se marcha tan sola
como un triste quejido en el espacio.

Se rompen en oscuras espirales
las pasiones, y la quietud del sueño
llora como un niño recién nacido
en los frágiles brazos del cerebro.

Va cantando entre las palmas la noche.
Entre las palmas va cantando el viento.
Y el viento junto a la noche se marcha
a las riberas del amanecer.

¡Quién pudiera marcharse con la noche!
¡Quién con el viento pudiera marcharse!
Es tan profunda la quietud del mundo.
No bastan los presurosos suspiros
de toditos los amantes nocturnos
para callar la quietud de la noche.

Yo me refugio en los brazos del mundo.
En los brazos de la mujer amada
porque en sus brazos la noche es más bella.
Quiero escuchar los pasos de la noche
contemplando la vida desde el pecho
y con los bellos ojos del silencio.

Ella

Su boca tiene el mejor de los vinos
y en sus ojos la mirada es dulzura;
hasta cuando camina es su figura
leve como las flores del camino.

¡Ah, su voz es de las aves el trino,
y de todas las rosas su perfume!
Su boca nunca niega una sonrisa
y juega en sus labios la primavera.

Ay, ¿cómo no cantarle a la belleza,
si al mirar sus ojos bellos me pierdo
en un precipicio de dulce ensueño?

Solo un beso en la seda de sus manos,
solo un roce de su aliento tan fresco
me bastan para transformar la vida
en un sueño de emebeleso y locura.

Juntos

El viento golpea mi ventana
y la noche toma la forma
de un barco lleno de silencio.

Me rodean de pronto sus brazos
y beso su boca entreabierta.
Sé que no van solos mis pasos,
que mi esperanza no está muerta.

Pero, ¿qué haré cuando te vayas,
entre qué gente esconderé;
entre qué cosas guardaré
las más especiales de aquellas?

¡Ah su voz dulce, aquí en la ventana,
y sus manos sobre mis manos!
Juntos somos uno... Soñamos
toda la dicha del mañana.

El viento sigue su camino
y besa nuestras tibias frentes.
¡Besa nuestros sueños desnudos!

La risa del agua

Se parece al agua tu sonrisa
y tu voz a los pájaros, dulce,
liviana, melódica, trinante.

Yo te miro, te muerdo, te sueño
y te pongo prisionera bajo
las dos toscas redes de mis brazos
y embarco en tu alma mis ilusiones,
mis ansias, mis besos infecundos.

Se parece al agua tu sonrisa
y tu alma a las bellas mariposas:
inocente, traviesa, viajera.

¡Adulta, cuerpo de niña blanca,
pura, maligna y tan divina!

Ansioso muerdo tus tiernos labios
y el deseo brota loco a mis ojos
y recorre tus pezones frescos.
Como la brisa recorre los prados,
yo recorro el atlas de tu cuerpo.

Descubro que tengo de animal
los labios y los feroces dientes
que tan hambrientos muerden tus miembros.
Mancho lo que tienes de divina,
de pura, de santa. Tú, indefensa
criatura del universo, sabes
que también gozas cuando yo gozo;
y deseas la sangre de mis labios
manchándote siempre de pecado.

Se parece al agua tu sonrisa
y tu figura a las quietas nubes
y en mis brazos se deshace.

En cada flor

En tu mirada la ternura
hizo su tibio nido
y en tu rostro encendido
se arrulló toda la dulzura.

Y porque encierras en tus ojos
todita la inocencia,
diré que tu presencia
me trae crepúsculos más rojos.

Aunque el mundo con su amragura
tantos sueños destruya,
yo sé que el alma tuya
es llena de paz y de albura.

¡Tanto me has dado con tu vida,
y tanto con tus besos!
Nosotros viviremos siempre
en cada flor nacida,
en los frutos maduros;
porque el amor vive por siempre.

Aunque en violencia se consume
el mundo, casi todo,
yo sé que no habrá modo
que el amor pierda lo sublime.

Noche pasionaria

Ven conmigo, caminemos un poco
bajo el cielo estrellado
y soñemos con futuros felices,
y con rosas desnudas;
y que ese viento leve y perfumado
repita lo que dices
y que la luna bese lo que toco.

¿Ves todas las estrellas que nos miran?
Ellas saben que te amo.
No camines con tanta prisa, corta
la ansiedad de tus pasos.
Hoy nos amaremos y nada importa
si mañana no estamos.
¡Deja que se acaricien nuestros brazos!

Mujer, que no nos unan más cadenas
que las de nuestros besos,
las de nuestros cuerpos que trenzados
se agitan en las venas
azules de la noche engalanada.

Deja que desnude tu cuerpo el viento
y que su tibio aliento
te bese con mis besos;
y que te piense con mi pensamiento
el universo entero.

¡Ah, que mi boca deje en tu cuerpo huellas
de este dulce y primer
momento que te dieron las estrellas.

Al mirarme

Quisiera ser luz y penetrar en tus ojos,
y en ellos soñar dulces y cándidos sueños;
y ser en tu vida los detalles pequeños.
¡Quisiera beber la miel de tus labios rojos!

¡Poder mirarte en el centro de las estrellas,
en los claros fulgores de la blanca luna
o en los tbios rincones de mi pobre cuna
y acariciar de tu cuerpo las sedas bellas!

Al mirarme me besaste. Me has embrujado
con ese dulce mirar de todas las rosas,
con la ternura de tus manos primorosas,
con dulces caricias que en mi piel he soñado.

¡Ah, quisiera darte un largo beso en la boca,
guardar en mis labios lo dulce de tu aliento!
Quiero ser el que te llene de sentimiento
y en tus tiernos labios dejar mi pasión loca.
...Quisiera ser luz y penetrar en tus ojos.

Llevas

Mujer de ojos como la tarde
llevas en tu piel la poesía,
y en tu voz dulce melodía.
¡En tus labios la pasión arde!

Al caminar tú eres un sueño,
y luz cuando tus ojos miran.
O tal vez seas sólo un pequeño
pedazo de gloria. ¡Suspiran
en tu alma sueños infinitos!

La semilla de mis besos

Tú eres la noche, la callada noche.
En tu alma se adormecen los susurros
y surgen desde el fondo las estrellas
más lejanas, más azules y bellas.

Mujer, no hay para ti nada imposible.
Todo lo obtienes con una mirada,
y en una mirada, todo lo das.

¡Ah, bésame con tus ojos de fuego!
¡Ah, quémame tú, en la miel de tus labios!

Invítame en tus aguas a pecar.
Que mi barca vacía surque tus olas,
y que giren en tu cuerpo los vientos
de mis más enardecidas pasiones.

Que se posen en mi boca tus labios.
Abrígame en tus brazos, en tu pecho.

En tus mejillas tersas y encendidas,
en tus purpurinos y dulces labios
sembraré la semilla de mis besos.

Vivirás por siempre

No, no interrumpas mi dulce delirio.
Déjame vivir en esta locura
de soñar con tu amor y tu hermosura.
¡No me des con tu desdén cruel martirio!

Para las rosas de tu jardín quiero
ser rocío, ser brisa, ser dulce aroma.
Seré el sol que queme desde la loma
las malas espinas en tu sendero.

Tu amor anhelado, dulce, atrevido,
parece embrujar con su dulzura única.
No dejaré que te envuelva la túnica
salpicada de fracaso y de olvido.

¡No, nunca lo dejaré!
¡No, nunca lo dejaré!
Tú vivirás por siempre porque te amo.

Para que seas inolvidable

Para que seas inolvidable y vivas
por siempre entre todas las cosas bellas,
en el fulgor azul de las estrellas;
hice mis poemas con palabras vivas.

Tú no eres como todas las mortales,
tú llevas en los labios la miel pura
que transforma mis sueños en locura.
¡Tú eres flor de los más bellos rosales!

¡Quiero volar en el cielo de tu alma,
sentir que vivo dentro de tu pecho!
Yo quiero ser la ansiedad en tu lecho,
quiero ser en tu amanecer la calma.

Tú no eres como todas las mortales.
Yo te dejaré por siempre en la mente
del viejo que amó, del adolescente.
¡Tú no eres como todas las mortales!

Cuando estás triste

Cuando entristeces quisiera
contarte cosas preciosas,
dulces cuentos de hadas bellas;
tal vez de la primavera
el amanecer de rosas
tan lleno, o las huellas
de las lluvias del invierno.
Contarte algo bello y tierno
para que no estés más triste.

Amo tu sonrisa blanca
y tus ojos soñadores,
de luz que nunca se estanca.
Como dos bellos albores
son tus ojos dulce niña,
no dejes que la tristeza
de tal negrura los tiña.
¡Ah, sonríe, mi dulce niña,
que amo tu sonrisa blanca
y tus ojos soñadores!

Cuando tú estás triste es como
si de pronto en mí murieran
la alegrías que trajiste
a mi alma de caminante.

Cuando tú estás triste es como
si juntas palidecieran
las estrellas en el cielo.
Yo no quiero verte triste.
Quiero verte rebosante
de alegría, de dicha plena;
recogiendo la campiña
en el centro de tus ojos,
en las redes de tu pelo,
en las sedas de tu cuerpo.

No te pongas triste, ¡amada!
Porque tu dolor me mata...
Ven, la noche está estrellada
y suelta al viento tu pelo.
Basta tu blanca sonrisa
o el fuego de tu mirada
para ver entre tus labios
la alegría soñada.

Yo no quiero verte triste.
No te pongas triste, ¡amada!
Porque tu dolor me mata.
¡Ah, sonríe, mi dulce niña,
que amo tu sonrisa blanca
y tus ojos soñadores!

Caída de la lluvia

Mientras la lluvia cae
para lavar calles,
altos montes, valles,
un son de fe nos trae.

Entre sueños rotos
a veces se distrae
el alma que sustrae
vida de los lotos.

¡Caída de la lluvia,
música divina!
Caída de la lluvia,
vida cristalina!

Eres el sustento
de todo lo vivo,
eres ornamento
en el verde olivo.

¡Ah lluvia, se escucha
tu cantar eterno,
tu sonido tierno...!

¡La sed aquí es mucha!

Trae una sola gota
de justicia pura.
Tal vez al fin cura
a las almas rotas.
¡La paz agoniza,
trae una sola gota.

Olvida por un rato

No han muerto las esperanzas, hombre.
Ven, quiero que escuches el murmullo
de las olas, del viento sin nombre;
y deja que su vuelo sea el tuyo.

Que el leve parpadear de tus ojos
sea el dormido vuelo de las aves
y truéquense en sentimientos suaves
tus más incontrolables enojos.

Olvida por un rato lo duro,
lo torpe, lo que te cause daño.
Tírate al agua, recibe un baño
de ilusiones, de sueños, de futuro.

Goza como un pez enloquecido.
Deja para otro tiempo el orgullo
y todo lo que no has comprendido.
¡Canta!, ahora este mundo es todo tuyo.

No han muerto las ilusiones, ¡canta!

Constante lucha

La vida es siempre una constante lucha.
No hay que cortarle las alas al viento,
ni construirle al dolor un monumento
porque la alegría del mañana es mucha.

Deja volar las cosas que se fueron
y vive la vida a cada momento.
No pierdas lo dulce del sentimiento
recordando amores que no volvieron.

Los días bellos deseamos sin final
y quisiéramos que los tristes pasen
como los bellos sueños se deshacen
de la pobre mente en el loco umbral.

Ya no llores, hombre, las cosas idas.

Prometí olvidar

Me prometí nunca más estar triste
y camino por las calles oscuras
envolviendo en alegrías mis locuras
para olvidar que el dolor aún existe.

Me prometí nunca más estar triste.
También me prometí olvidar las penas.
Pero el recuerdo lo llevo en las venas
y no, no puedo olvidar que te fuiste.

Las penas no mueren, parecen eternas,
es que son las huellas que nos dejaron
los suaves brazos que nos arrullaron
en el calor de sus caricias tiernas.

Me prometí nunca más estar triste.
Mas tu recuerdo lo llevo en las venas.
¡Y no puedo olvidar que me quisiste!

Luna

¡Oh, luna! ¡Bésame en la frente, luna!
Que esta noche quisiera
convertir en fe mi vieja quimera
y que no haya más ni una
nostalgia que haga que la dicha muera.

Quiero que ilumines la loca cuna
donde la idea primera
nació, como peces en la laguna,
cual flor en primavera.

¡Oh, luna! ¡Luz de plata entristecida!
Mi alma, mi alma te espera.
¡Ah, luminosa esfera,
por blancas manos eres sostenida!

Lluvia

Hoy se cambió de vestido la lluvia
y besó la flores con pasión tal,
que pareció joven, dulce, inmortal.
¡Dulce beso del cielo que diluvia!

No quiso venir con vestido viejo.
Cruzó del universo el umbral
y al llegar a las flores del portal,
cambió de alas, de sueños de pellejo.

Los pájaros van mas alegres que antes,
alzando el vuelo poquito a poquito
y llevan prisionera en el piquito
la lluvia de colores tan radiantes.

Las hojas se adormecen, todas juntas.
La lluvia aromó las rosas del huerto
y nueva vida le dio al bosque muerto.
¡Renacen juntas las yerbas difuntas!

Es la hora

Es la hora del crepúsculo triste.
La tarde se viste de siluetas,
de frases dulces de antiguos poetas,
del llanto de alguien que ya no existe.

El corazón se vuelve pequeño,
se vuelve ave, se vuelve lamento;
y vuela con las alas del viento
hasta embriagarse de dulce ensueño.

Limpian de dolores sus siluetas
con letras perfumadas los poetas.

Surcan los aires tristes figuras
de más caídas y de penas futuras.
¿Cómo saber si el sufrir es gozo?
¡La melancolía es dulce, y se llora!
Déjenme llorar solo en esta hora.

DOS POEMAS
DE PAZ

Poema I

Agoniza la paz
en manos de tanto loco,
y la vida
en las ideas erróneas
del hombre.

No hay manera de evitar
los múltiples avances,
las vanas glorias,
ni la violencia total.

Somos más grandes
cada día.
Cada día
somos más grandes,
ya no cabemos en nuestros cuerpos.

Hemos avanzado tanto
que ya se evita
la noble molestia de nacer.
¡Pobres madres del futuro,
no conocerán el placer del parto!

Solo estamos de paso
y la vida es corta...
No destruyamos la cuna
de los múltiples sueños,
la madre de los árboles
y de las yerbas minúsculas.
¡Somos parte del mismo universo!

Es triste ver el hambre,
como pájaros descendientes
de ideales corruptos,
de guerras, de injusticias,
llegar hasta los pueblos del mundo.
¿Por qué no podemos vivir en paz?

No engendremos violencia,
ni pájaros perdidos
por el hambre
ni luchas innecesarias.

No dejemos páginas negras
en los libros donde la historia
se vuelve más inútil,
más ejemplar y simple
porque revive odios,
los estragos de la destrucción.

Sembremos paz y cosechemos vida
en las plantas y en las nubes
y en cada espacio de lo finito infinito.

Aún podemos llenos de júbilo
correr por los prados de la tierra,
refrescarnos en sus aguas
y en su brisa.
No apresuremos la destrucción.
Engendremos paz en los corazones.

Aún se visten de púrpura
y romance los crepúsculos
y dibujan las nubes
imágenes bellas y tiernas.
¡Luchemos por las hojas y la vida!

No mordamos los rencores
de nuestros antepasados
porque ellos ya se fueron;
y agradezcamos lo que hicieron
pensando en nosotros.
¡La vida nos pertenece,
conservemos el planeta!

Poema II

Se quedó solo el hombre por fin,
completamente solo.
De pronto se secaron los ríos
y los árboles sucumbieron
por el hacha y la contaminación.

Se quedó solo el hombre por fin,
estúpidamente solo.
Perdieron su belleza las manzanas
y las demás frutas
sus olores deliciosos y las bocas
que hambrientas las devoraban.

Con la inteligencia en una mano
se quedó
y en la otra,
apretaba altivo el orgullo,
los avances y la ciencia.

No hubo más vida en el planeta.
Y fue hasta que los pájaros
descendieron a estrellarse

contra las rocas y el suelo,
que el hombre supo su conducta.
Desperdició la vida de la vida.

Todas las aves, precipitadas,
cual mentes confundidas,
se suicidaron,
se abalanzaron
sobre el árido planeta,
para morir con la muerte de lo vivo,
de los grandes paisajes.
Para matar el hambre
y lo latente de sus flechas
y sus trinos.

Extrañaron lo verde de las hojas
y el constante cantar
de los ríos y de las olas,
la inigualable constancia de la lluvia
y los aromas de la primavera.

Se quedó solo el hombre por fin,
completamente solo.
Y fue al sonido de los pájaros sucumbidos
que despertó del sueño;
hasta entonces comprendió
que ya estábamos perdidos,
que sucumbían a sus pies los pájaros
y con ellos el planeta entero.
¡Tenemos derecho a la vida!

Si no estás

No puedo acostumbrarme a no verte
y es como si la noche que dura
una eternidad diera la muerte
en sus manos de negra espesura.

¿O es que la tan despiadada suerte
no trae en el viento la frescura
de tu aliento? No puedo tenerte
esta noche. ¡Oh tu voz, tu hermosura!

Si no estás mi pena pesa, es dura.
La soledad es como la muerte
y esta noche en que tanta amargura
me atormenta, no puedo ser fuerte.

Por eso en la brisa más te busco.
Y por encontrarte bien yo diera
los colores de la primavera
o el corazón que hoy con dolor luzco.

Cuando no te encuentro, ¡qué pobreza
es vivir sin tus dulces encantos!
Aunque los recuerdos sean ya tantos,
al vivir me falta tu tibieza.

Ven, regresa a mi lado, ¡hoy te imploro!
Ven, antes de que sea ya muy tarde;
no vaya a ser que el corazón cobarde
te deje olvidada entre tanto lloro.

Reconciliación

Vuelvo a respirar los aromas sutiles
de tu cuerpo claro y de tus labios rojos.
Vuelvo a soñar con los sueños infantiles
que cantan al nacer en tus lindos ojos.

Yo te creí tan lejos, ¡ah, tan distante!
Mas tú eres el sueño que no sucumbe,
la barca de ilusión que no naufraga.
El viento silba, canta, ¡alegre vaga!

¡Mujer, deja que mi corazón cante
en el viento, y que el viento, loco zumbe,
ebrio de amarte y de perfumes leves!

En vano

Espérame me decía angustiada
al soltar de mi mano su mano
tan trémula, tibia y delicada.
Beséle el rostro dulce y lozano
y soñé con nuestra fe jurada.
Ella partió hacia largos caminos
sin pensar en golpes del destino.

Volvió un día de un lujoso febrero
con la mirada quieta y vacía.
Aquella que fue mi amor primero
no me amaba más, pero volvía.
¡Ah, sentí el frío de sus blancos brazos!
¡Frío de tumbas, un frío de metales!
Se rompió mi pecho en mil pedazos
y los sueños, todos, cual cristales,
por el vibrar de un presentimiento.

¡Ah, para hablarme buscaba el viento!
Y para acariciarme, la brisa
tan tibia y dulce como su aliento,
leve como su blanca sonrisa.

¿Para qué tanto encanto, si en vano
la esperó mi alma de peregrino?
¿Para qué su mano entre mi mano,
si me la robaba el cruel destino?
¿Por qué si todo fue mentira
el alma ilusionada aún suspira?

Mas yo nunca tuve desconfianza
de que en su andar por el mundo cruel
convirtiera mi dulce añoranza
en eterna y tan amarga y bruta hiel.

Olvídame, me decía angustiada,
sin mirarme con su antiguo modo
de ternura; de nuestro amor nada
queda, ya se ha muerto todo, ¡todo!

Otra vez

Aquí estoy otra vez
soñando sobre la arena,
entre las viejas rocas
que se bañan con olas;
tatuadas por el viento
y por la sal marina.

Mi alma es una gaviota
en vuelo, que humedece
sus alas en las aguas
tranquilas y en la sal
cruda y legendaria.

¡Ay qué tristes gaviotas!
Y qué bruma tan densa
ciñendo está la costa.
Ah, toda mi alma está húmeda
por las lágrimas lentas
que derrama el invierno.

El amor es un barco
que parte, que se pierde
bajo la densa niebla,

es un velero blanco
que va llorando solo
con las lágrimas lentas
que más llora el invierno.

Se escapa de mis manos
la noche y se aleja
hacia las cuatro puntas
feroces del olvido,
hacia donde se arrugan
con el tiempo las penas.

Aquí estoy otra vez.
El alma humedecida
se adormece en la arena.

Ya no juegas

Es el crepúsculo lleno de sombras.
El día bajo sus alas destruidas
nos sorprende con las manos unidas
y en el viento mi voz triste te nombra.

¡Ah, que no nos ataje el horizonte!
¡Ah, nosotros viviremos por siempre!

Y seremos lo verde de los montes
y en cada crepúsculo nos veremos
juntos y con las manos siempre unidas.

¡Dulce misterio de las cosas idas!
El crepúsculo que cae silencioso
y baña tus mejillas encendidas
es fuego. Es un incendio luminoso.

Se me arrugan los recuerdos
y se me encogen las uñas...
La luna, viajera errante;
viajera la luna errante
ya navega por la noche,
llena de almas olvidadas.

Y tú, compañera dulce,
tú la de las tibias manos,
ya no juegas con mi pecho,
con mi frente apasionada.

Ya te has ido, como todas las cosas.
Comprendo que me he vuelto solitario
y que yo siempre juego con tus manos
cuando cae sobre los prados la tarde.

Ausente tú, niña distante y bella.
Ausente de la tarde somnolienta,
y vibrante, palpitante en mis manos
como un pedazo de gloria o de estrella.

Y tú, compañera dulce,
tú la de las tibias manos,
ya no juegas con mi pecho,
con mi frente apasionada.

Siempre pienso

¡Cuánto me dolió perderte!

Bajo nuestros pies desnudos
temblaba la húmeda arena
y al sonar de nuestro beso
se unía del mar el grito.

¡Siempre pienso en nuestros besos!

Eras la pasión del fuego,
de las frutas la dulzura;
eras vino y miel pura,
eras desprecio y ruego.

¡Cuánto me dolió perderte!

Amábamos con la prisa
del viento que enloquecido
rompe su voz en sonidos
y las aguas del mar riza.

¡Estás tan distante, niña
apasionada y dulce!

Entre sombras

Entre sombras vago solitario
y la noche me envuelve en sus brazos.
Me sigue y marca mis lentos pasos
un dolor viviente y legendario.

¡No puedo ignorar más lo pasado!
¡Ay, cómo vivir sin mi tristeza!

Entre sombras vago solitario
y quiero revivirte en mi pecho.
¡Sentirte! ¡Sentirte aunque deshecho
quede mi corazón visionario!

Un frío de muerte me hiela los huesos...
¡Abrígame tú en tu cuerpo claro!
Embriágame con tus dulces besos,
enloquéceme ya sin reparo.
¡No quiero ignorar más lo pasado!

Más allá

Era más allá del invierno.
Era más allá de la noche.
Cerca de donde muere el tiempo
y donde se juntan tus ojos.
Iba el aroma de las flores
quebrándose suave en el viento,
leve, y cerca de tus labios
que más temblaban con el beso
de la tímida primavera.

Era más allá de la esencia.
Era más allá de la forma.
¡Tus ojos, tus manos y tu alma!
Era el pecado. Era la gloria.
Era el dulce beso en tu boca
que más de ti me enamoraba,
y me hizo amarte como te amo.

Con todos los sueños abiertos.
Con el corazón de las hojas
salpicadas por el invierno.

Apresúrate, que es tan corto
el tiempo y tan corta la vida.
No hay que dejar para mañana
el amor ni los tiernos besos.
Porque más allá del invierno
encontré tu boca, tus besos,
entre la esencia y la forma
y con la sonrisa del alma.

¡Ah, todo me habla de tus labios!
¡Y todo me habla de tus brazos!

El último verano

Hemos perdido el último verano,
es como si te tragara el olvido.

Ya no te nombran mis oscuras noches
y ya no te recuerdan estas playas,
ni te extrañan los mil brazos del viento.

Te consumió la feroz lejanía
bajo los negros poros de la noche.

Y mi mirada a veces se enternece
cuando en medio de la noche presiento
la blancura de tu linda sonrisa.
¡Ah tus dientes desnudos de alegría!

¡Ah, cuánto te amaba entonces, viajera
estatua de ternura y de sueños!

Mariposa dulcemente desnuda,
robabas las miradas del verano
mientras mi labio entre tu boca dulce
ahogaba esperanzas, tántos recuerdos.

Habrá otro verano lleno de luces,
tal vez más lleno de colores bellos;
pero nosotros perdimos el último,
el último verano en soledad.

Entre tantas cosas

La vida entre tantas cosas
va rompiendo monumentos.
Los sueños, los tristes sueños,
van cual las hojas, cayendo
en las medidas del tiempo;
hasta convertirse en nada,
en minutos olvidados,
en amores pasajeros.
Se hace vieja la confianza.
Ya no entiende la mentira.

Entonces

¡Qué bella era la vida entonces!

Las caminatas por la playa.
Y la constancia de la lluvia.

Era hermoso retozar sobre
la húmeda arena en el invierno
mientras la brisa jugueteaba
sobre la espuma de las olas.

Era lo más sencillo, puro;
y lo más simple de la vida.

¡Ah, todo lo decía una hoja
al mecerse en la tibia brisa,
un pájaro ensayando el vuelo,
los lentos pasos del otoño.

¡Cuánto valía una sonrisa entonces!

Era bello ir bajo la lluvia.
Pisando sin temor el lodo
y oliendo el aire suave, fresco,

de los bosques adormecidos
bajo el cantar de la tormenta.

¡Enonces era bello todo!

Las velas blancas de algún barco.
El grito de tántas gaviotas
y la gran música del agua.

Mas la sangrienta primavera
llega tan cundida de flores,
cuando todavía en mis manos
guardo las lluvias del invierno.

Qué lejos se quedó perdida
entre tantos sueños y calles
la vigorosa adolescencia.

¡Qué bella era la vida entonces!

Que venga a tatuarme el otoño
con sus hojas marchitas;
que venga el invierno a mojarme,
a remojarme la memoria.

Que no venga la primavera
con sus flores inconfundibles,
porque ya no tengo de aquellos
días en mis manos el aroma,
ni la risa de aquellos años.

Viajera

Cuando vuelva la primavera
a pintar de flores los prados,
a vestir de rosas abiertas,
cual tiernos labios los jardines;
recordaré tus ojos quietos
y la tibieza de tus manos.

Ya no volverá la sonrisa
de tus labios a sonrojarme,
ni tu boca a maravillarme
con sus dientes semidesnudos.

¡Cuánto hubiera dado si tu alma
hubiese grabado por siempre
sobre mis labios tu piel tersa,
el carmín de tus labios dulces!

En cada flor recién abierta
encontraré tu dulce aroma,
y en el murmullo de los pájaros
tu voz tierna y melodiosa.

¡Oh viajera de suaves manos!

¡Oh mujer de ojos celestiales,
de sonrisa pura, terrestre!

Desapareces como un sueño.
Y surges del cuerpo florido
de la más tierna primavera.

Cuando vuelva la primavera
a cubrir de flores tu frente
y las pupilas de tus ojos,
sabrás que más yo te recuerdo.

En su mirar

Ella era como un pajarillo.
En el crepúsculo lloraba
pues honda tristeza llevaba
por un amor puro y sencillo
que no pudo ser, y no fue.

Nunca pudo olvidar la pena.
Siempre, siempre le atormentaba
saber que casi se olvidaba
de aquella ilusión bella y buena,
que de ternura le llenaba
lo más profundo de las venas.
Mas no pudo ser, y no fue.

Saludábanle alegres flores
cuando por el parque tan sola,
envuelta en su enorme tristeza
caminaba con los cantores
sonidos del viajero viento.
Amó con noble sentimiento,
pero como siempre, el destino
quiso que el tiempo y la distancia

se interpusieran en aquello
que era gloria, que era tan bello,
y fue viajero como la ola.

En su mirar se adivinaba
el dolor que a diario robaba
de aquellos labios la sonrisa,
la alegría de sus ojos bellos.
En su vida había cierta prisa,
y satisfacción en aquellos
temas de abandonar la misma.
¡Ella soñaba con la muerte...!

Un día encontráronla ya muerta.
¡Ah, flores servíanle de lecho!
Se miraba sobre su pecho
una sangrante herida abierta.
Ella era como un pajarillo.
No quiso matar sentimientos
que en un tiempo feliz la hicieron;
y para guardar los momentos
que ya casi se le olvidaban,
momentos que nunca volvieron,
¡abrióse el pecho...! Que lloraban
sus ojos, un día lo dijeron
los que la vieron en su muerte.
Sus ojos de niña no vieron,
cómo él, corrió la misma suerte.
¡Ella era como un pajarillo!

Viviente

Aún peleo con el crepúsculo.
Y a la orilla del mar mi grito
se enreda entre el viento y la arena.
Levanto los brazos al cielo.
Mi mirada surca el espacio
que se acerca a mis duras manos
para que lo sienta y lo toque.

¿Adónde va el hombre al morir?

¿Recordará aún estas cosas,
estos altos montes y mares,
o tantos nombres aprendidos;
o los tantos largos caminos
que van hacia ninguna parte
o hasta donde muere la noche?

Comprendo que envejecí tanto.
Que la noche no se acostumbra
a ignorarme; y a que sí es noche
sin que yo mire las estrellas.

El crepúsculo es invencible.
Es un pulpo sangriento y bello;
tiene por tentáculos todas
las primeras estrellas, todas.
Y después abraza la noche.

El pensamiento es como un pájaro.
Vuelve al cerebro, arrepentido,
y descansa. Luego pregunta:
¿Adónde va el hombre al morir?

Como oscuros pájaros

Se fue rompiendo en pedazos
la noche,
en pedazos de oscuridad esparcidos
por todas partes,
como trozos de hielo negro cayendo
sobre los techos del mundo.

Vuelven como oscuros pájaros,
como misteriosos pájaros
a anidarse en mi pecho los recuerdos.

Dos lágrimas repentinas,
locamente repentinas,
dejan sus húmedas huellas
en mis pupilas;
y un sollozo rompe en pedazos
los cristales del silencio.

¡Ah, la suavidad de tus pies desnudos!
¡Ah, tus senos cayendo como dos frutas
entre mis ásperas manos!

Mi boca insaciable te besaba.
¿Dónde están los hambrientos dientes,
tus manos tibias y tersas?
¡Cuánto dolor tiene la noche!

De pronto tengo miedo.
Tengo miedo de pronto.
Le temo a estos pájaros oscuros,
a estos oscuros recuerdos.

Sin embargo, quiero recordar,
quiero volar en las oscuras alas
de estos oscuros pájaros bellos.

En nuestras manos

Éramos dos historias del camino,
sin un final y sin un principio
y con un solo concepto del amor.

Cantábamos en el viento
y corríamos por la playa
llevando como dos locos,
como tristes alegres locos
la juventud en nuestras manos.

El sol entraba por la ventana
y besaba tu cuerpo con sus rayos
de oro, te besaba sobre el lecho.
Nadie pensaba entonces
en el fracaso ni en el olvido.
El amor era limpio,
sencillo,
transparente como el cristal y el agua.

No sabíamos de normas
ni de límites,
todo lo decía una caricia,
un suspiro,
una sonrisa en tus labios frescos.

Nadie nos contagiaba la noche
con pláticas inoportunas
ni preguntas indiscretas,
la luna nos miraba celosa
de nuestra dicha,
de nuestra gigantesca dicha.

¡Después de tanto tropiezo encontrarnos!
Encontrarnos tú y yo,
dos caminantes sin camino;
tú y yo, para amarnos
como dos locos muertos de dicha.

Yo me encerré en tus ojos.
Desde ellos miré el mundo
cubierto todo de rosas,
de sueños,
de cada uña tuya y de tu alma.
¡Era limpio el amor entonces!

Pero, ¿por qué terminan las cosas,
por qué terminó nuestro sueño,
nuestra historia del camino,
nuestro amor y nuestra dicha?

La vida es un camino
lleno de historias muertas.

INDICE

Sollozos en el viento	7
Bienvenida	9
Optimismo	10
Correré	11
Que nos deje un poco	12
El soñar del pecho	13
El amor	14
No basta	15
Lucho	16
Llegaste	18
Nuestro crepúsculo	19
Pasionaria	20
Sirena	21
La noche del viento	23
Ella	24
Juntos	25
La risa del agua	26
En cada flor	28
Noche pasionaria	29
Al mirarme	31
Llevas	32
La semilla de mis besos	33
Vivirás por siempre	34
Para que seas inolvidable	35

Cuando estás triste 36
Caída de la lluvia 38
Olvida por un rato 40
Constante lucha 41
Prometí olvidar 42
Luna 43
Lluvia 44
Es la hora 45
Dos poemas de paz 46
Poema I 47
Poema II 50
Si no estás 53
Reconciliación 55
En vano 56
Otra vez 58
Ya no juegas 60
Siempre pienso 62
Entre sombras 63
Más allá 64
El último verano 66
Entre tantas cosas 68
Entonces 69
Viajera 71
En su mirar 73
Viviente 75
Como oscuros pájaros 77
En nuestras manos 79

Otros títulos del autor